yukismart.com/b/64b546
AF364387
1
2

body

lichaam

head

hoofd

face

gezicht

grow up

opgroeien

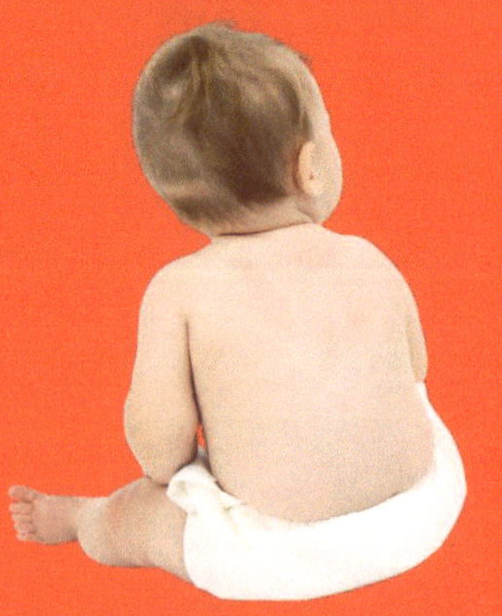

back

rug

chest

borst

bottom

billen

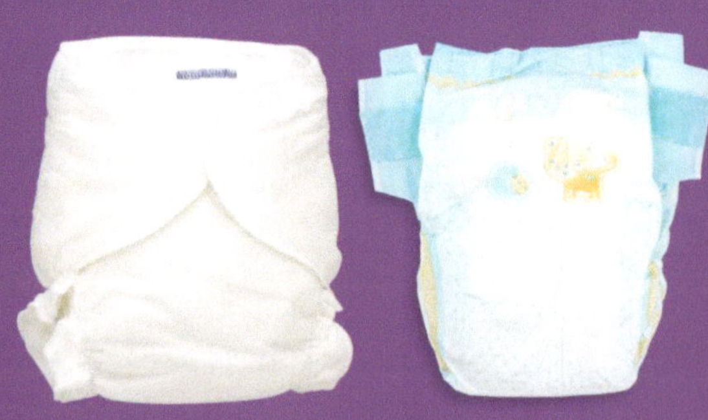

diaper

luier

eye

oog

glasses

bril

forehead
voorhoofd
chin
kin

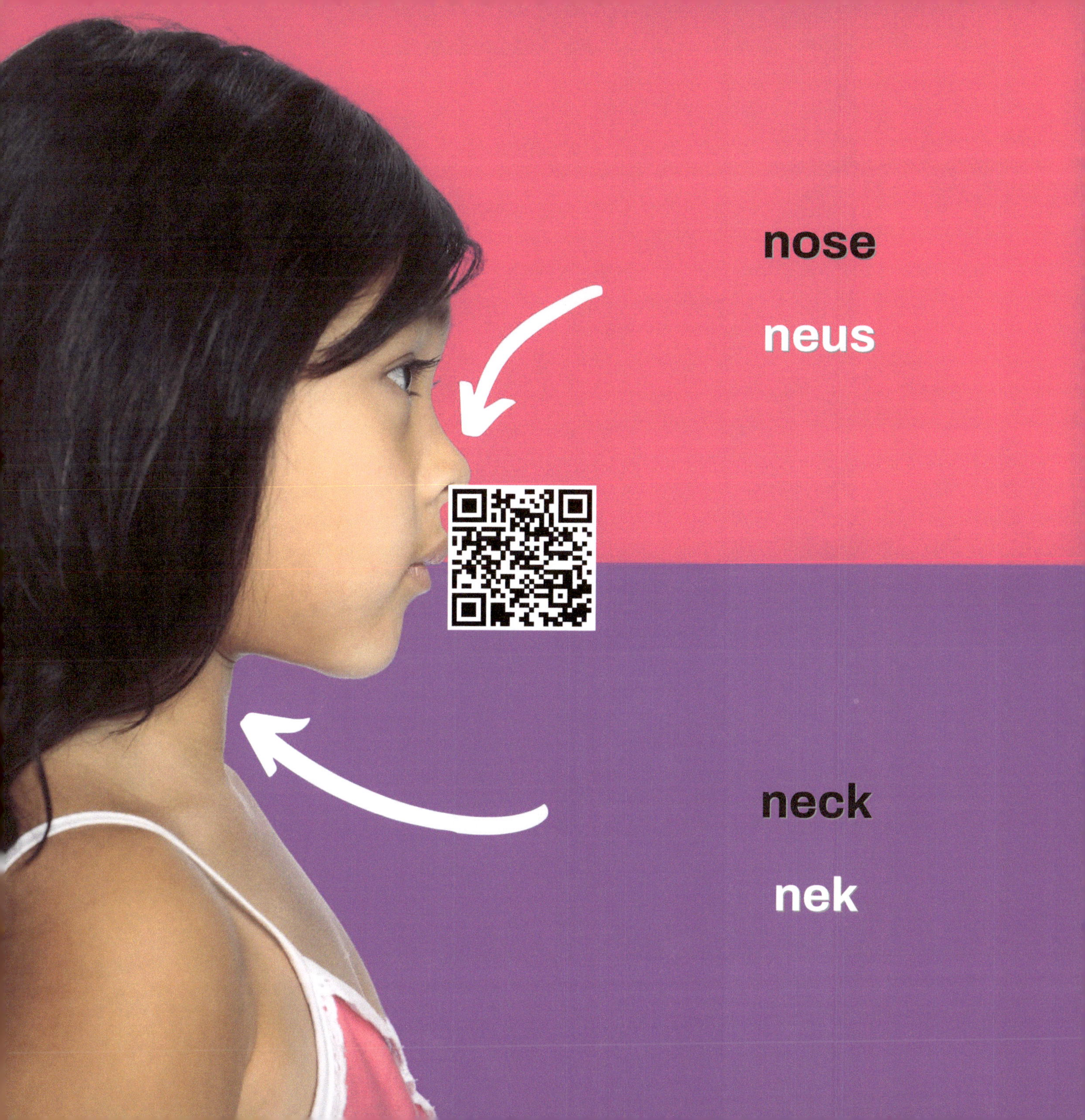

nose
neus
neck
nek

ear

oor

cheeks

wangen

kiss

kus

mouth

mond

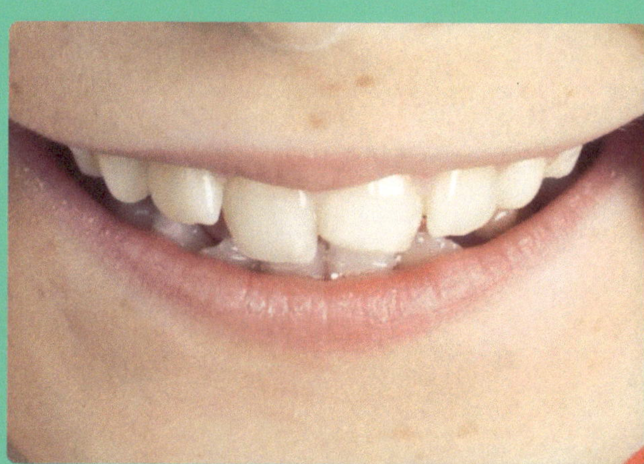

teeth

tanden

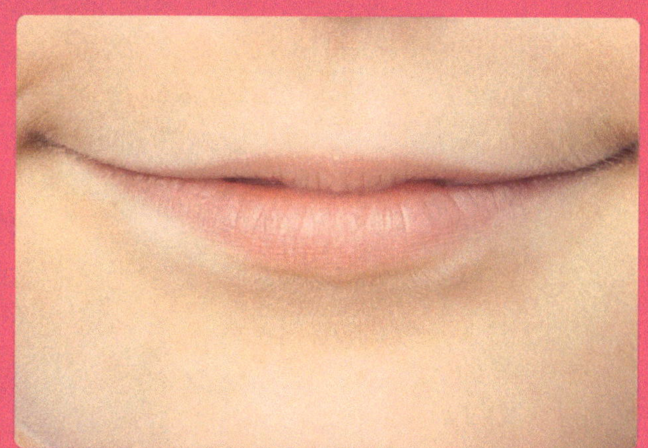

lips

lippen

tongue
tong

hair
haar

straight hair

stijl haar

curly hair

gekruld haar

black hair

zwart haar

brown hair

bruin haar

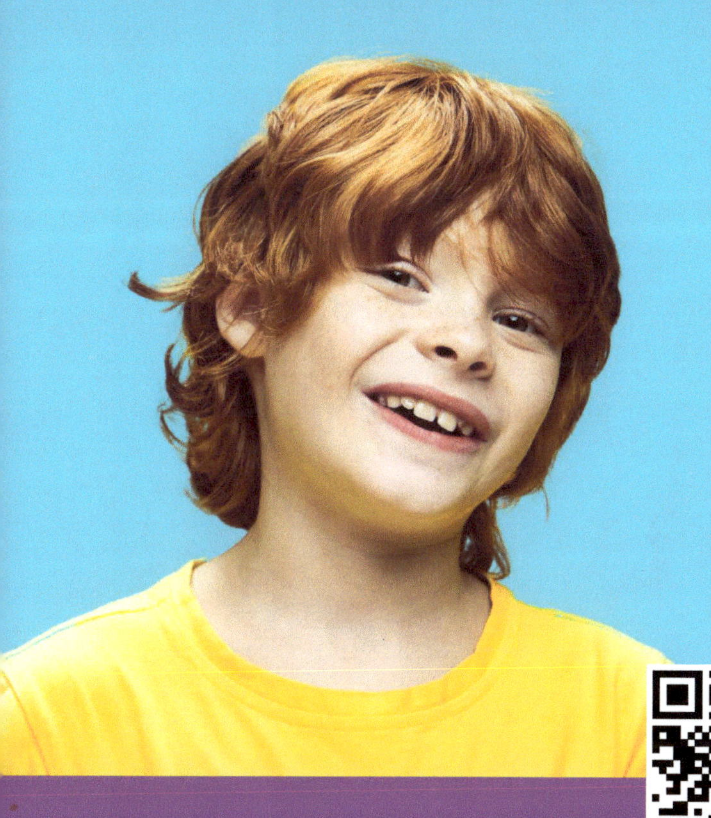

ginger hair

rood haar

blond hair

blond haar

gray hair

grijs haar

bald head

kaal hoofd

beard

baard

moustache

snor

arm

arm

elbow

elleboog

hand

hand

fingers

vingers

thumb

duim

belly

buik

navel

navel

foot

voet

leg

been

heel

hiel

thigh
dij
ankle
enkel

calf

kuit

nails

nagels

knee

knie

necklace

halsketting

bracelet

armband

hat

hoed

scarf

sjaal

coat

jas

pullover

trui

pants

broek

dress

jurk

rain boots

regenlaarzen

socks

sokken

shoes

schoenen

mittens

wanten

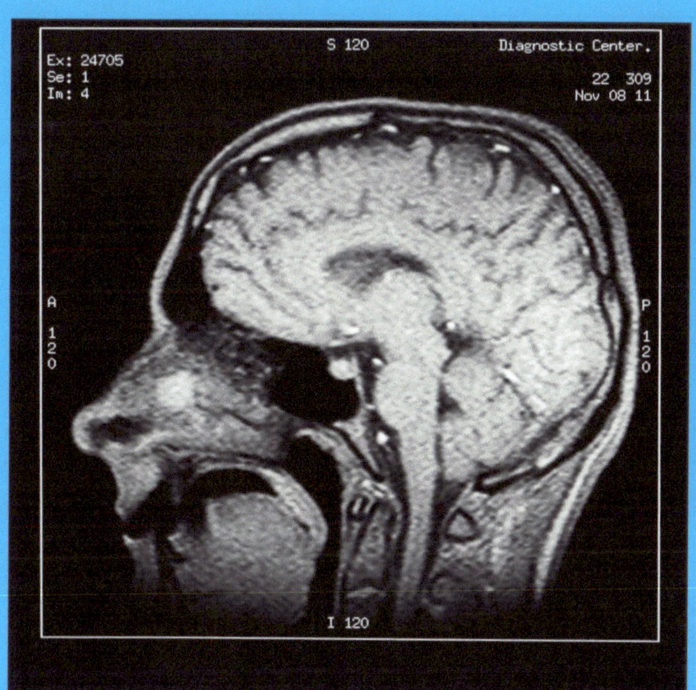

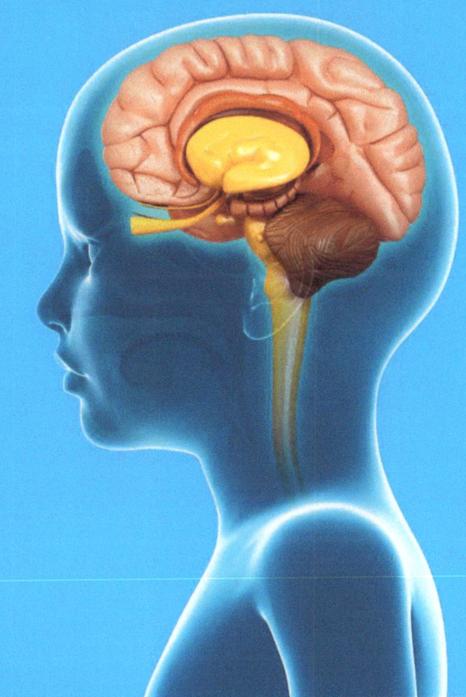

brain

hersenen

heart
hart
lungs
longen

skin

huid

sunscreen

zonnebrandcrème

sun glasses

zonnebril

soap

zeep

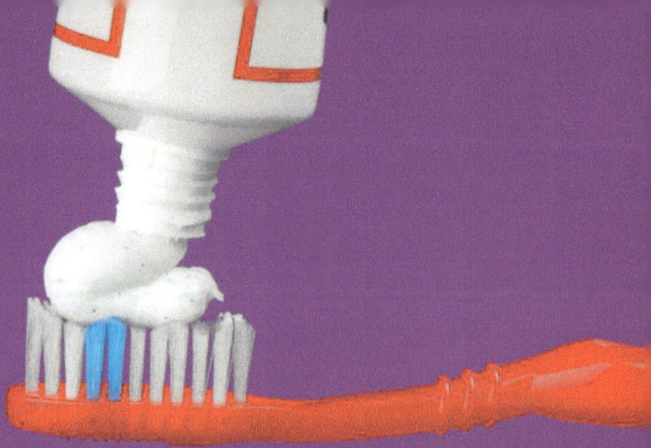

toothpaste

tandpasta

toothbrush

tandenborstel

pain

pijn

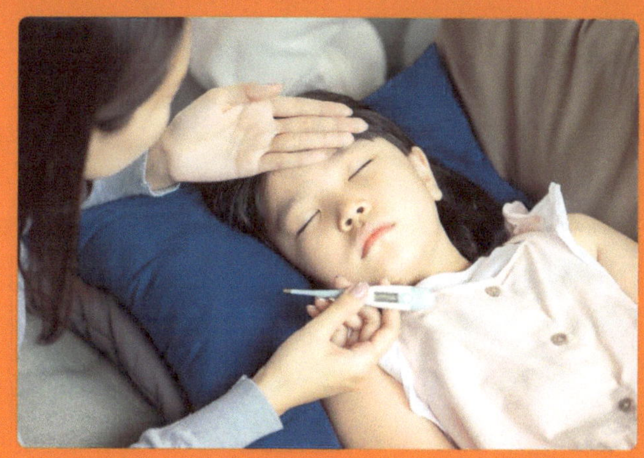

fever

koorts

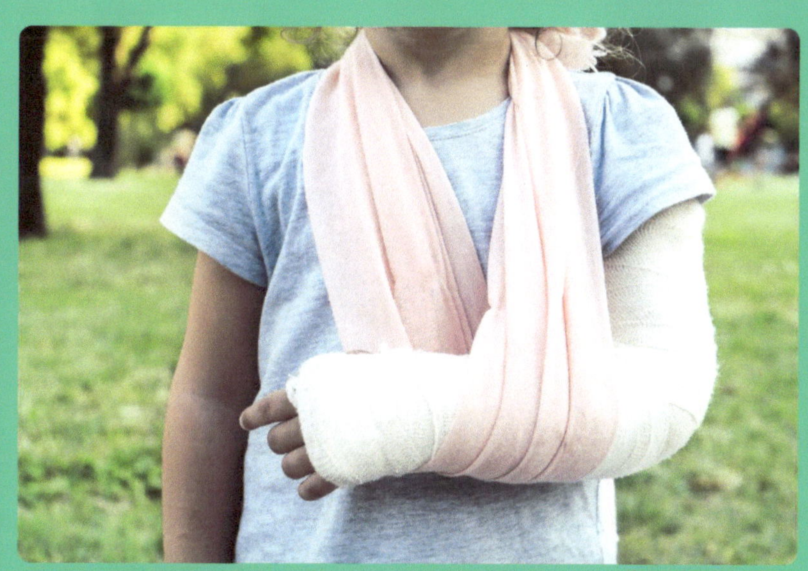

broken arm

gebroken arm

sneeze

niezen

cough

hoest

dental cavity

tandholte

pharmacist

apotheker

medicine

medicijn

hospital

ziekenhuis

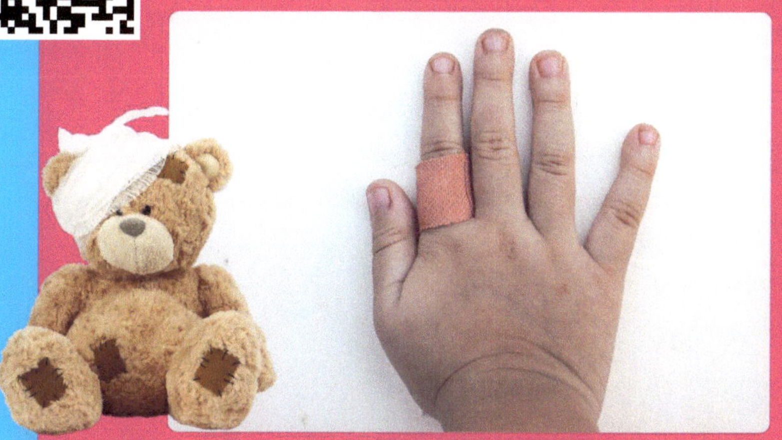

bandage

verband

paramedic

paramedicus

firefighter

brandweerman

firetruck

brandweerwagen

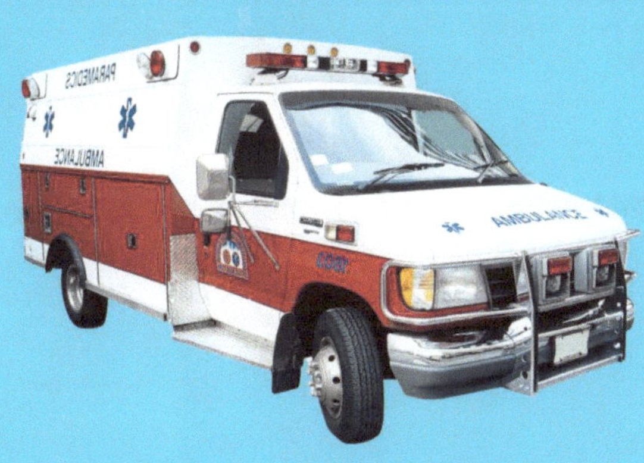

ambulance

ambulance

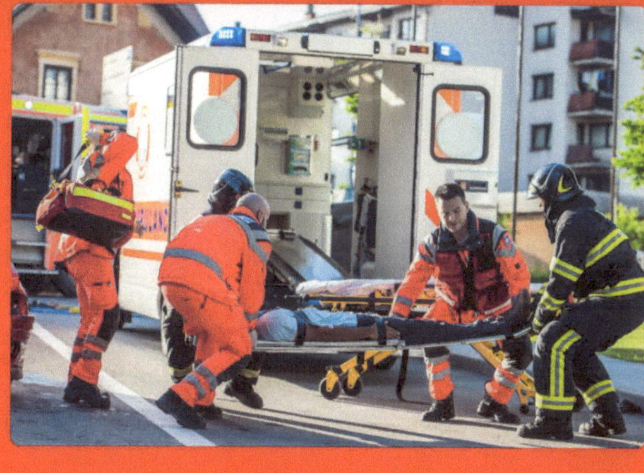

rescue team

reddingsteam

helicopter

helikopter

boat

boot

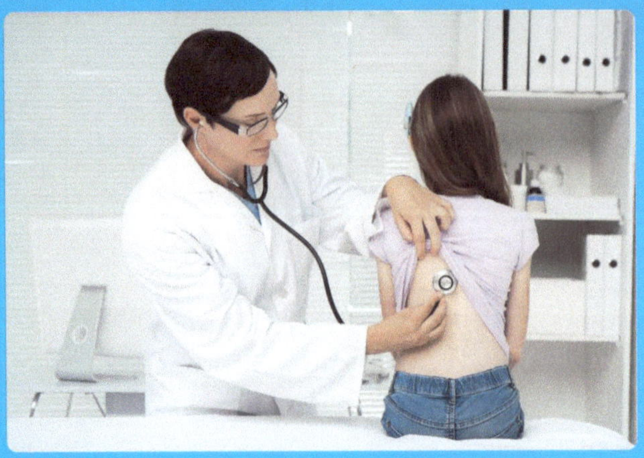

doctor

dokter

nurse

verpleegster

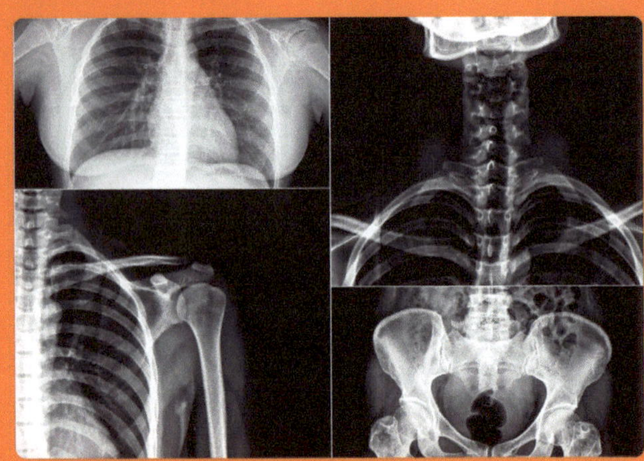

x-ray

röntgenfoto

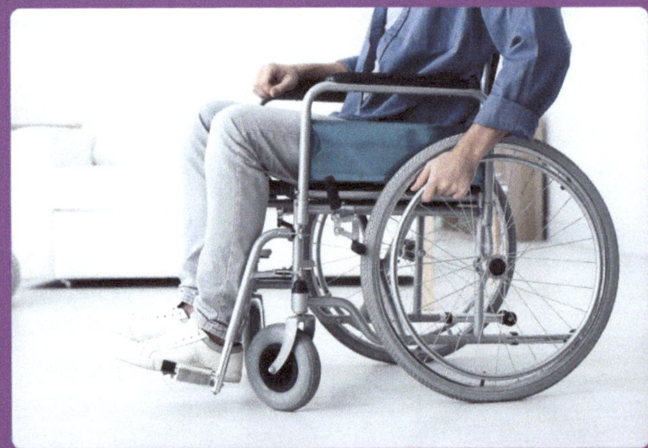

wheelchair

rolstoel

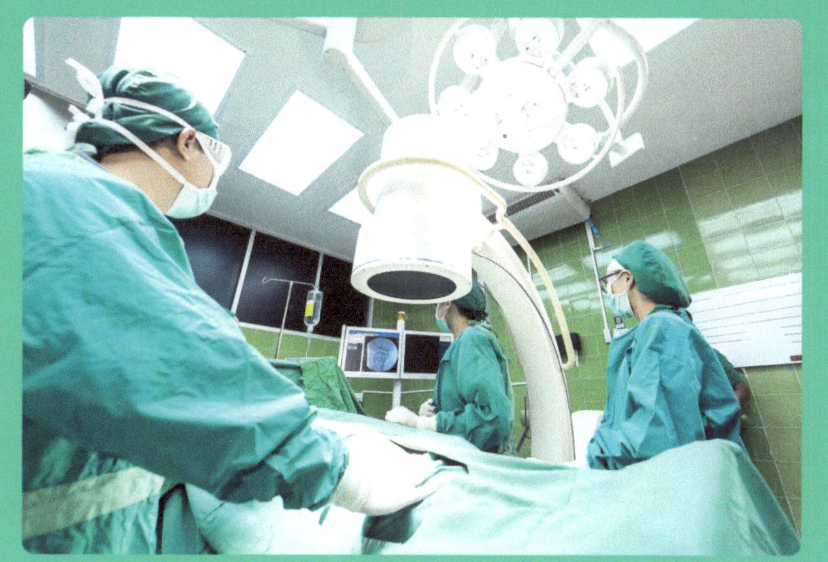

surgeon

chirurg

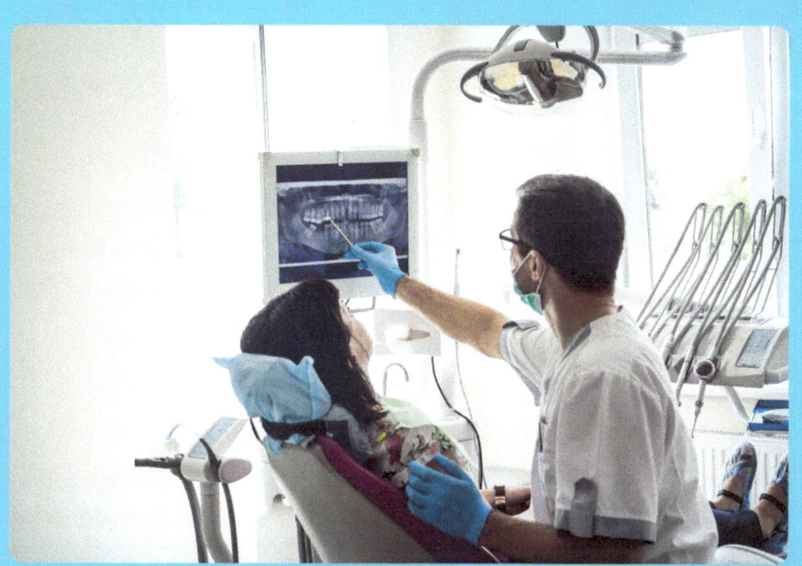

dentist

tandarts

thermometer

thermometer

scale

weegschaal

first aid kit

EHBO-kit

vet

dierenarts

stethoscope

stethoscoop

dancing

dansen

basketball

basketbal

soccer

voetbal

swimming

zwemmen

skiing

skiën

judo

judo

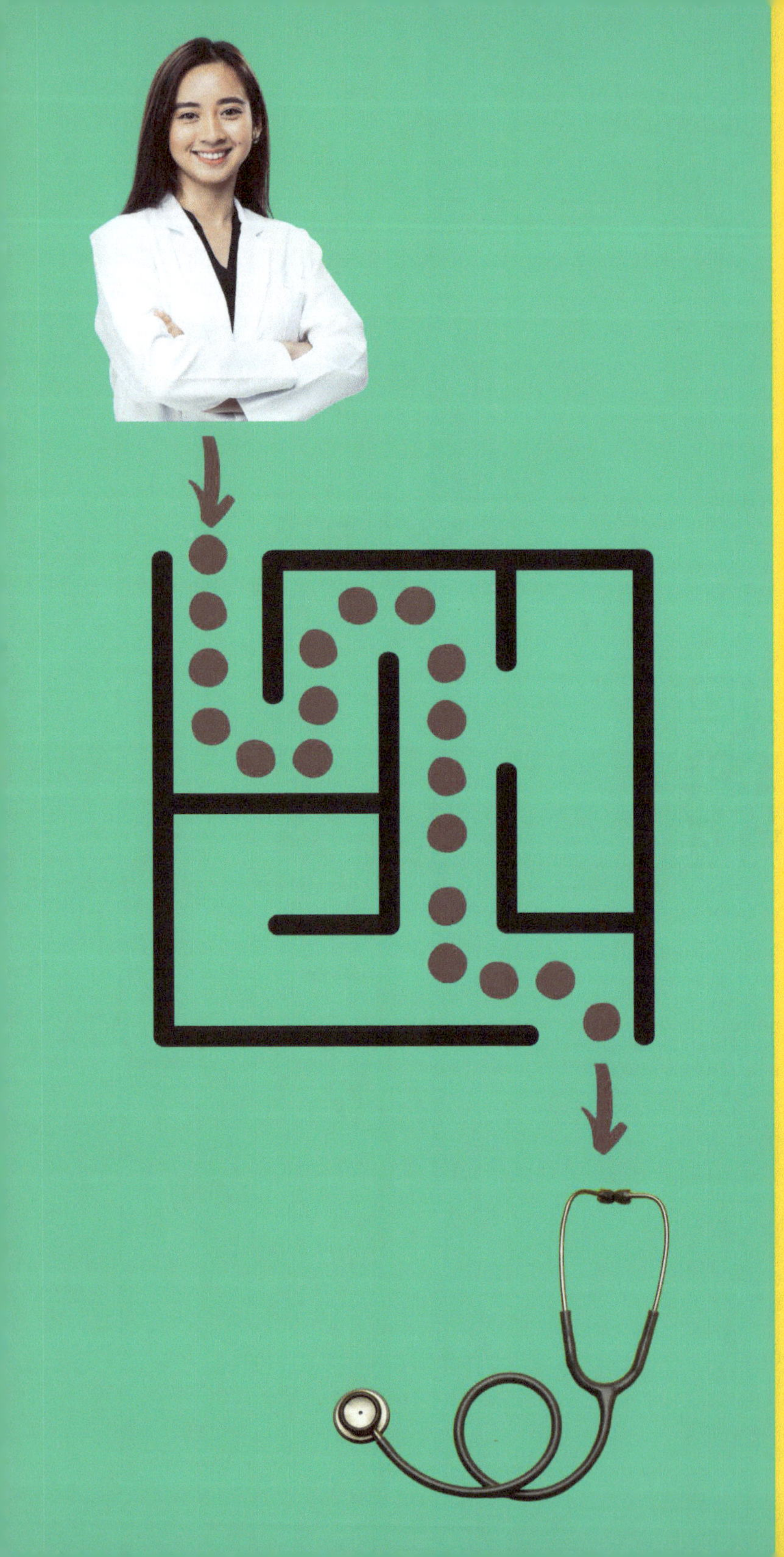

www.ingramcontent.com/pod-product-compliance
Lightning Source LLC
LaVergne TN
LVHW071630180726

843512LV00002B/282